# Inhalt

## Echtzeit-Marketing - Hype mit ungewisser Zukunft

Kernthesen

Beitrag

Fallbeispiele

Weiterführende Literatur

Impressum

# Echtzeit-Marketing - Hype mit ungewisser Zukunft

*Harald Reil*

## Kernthesen

- Nabiscos Oreo-Coup ließ Marketeer-Herzen höher schlagen - zurecht: Es war eine Echtzeit-Marketing-Glanztat.
- Trotzdem ist es ungewiss, ob sich Echtzeit-Marketing auf breiter Front durchsetzen wird.
- Ein Problem sind verkrustete Unternehmensprozesse: Endlose Freigabepoker sind der Tod jeder Just-in-Time-Kommunikation.
- Problematisch ist auch folgender Aspekt: Kreativität lässt sich nicht auf Knopfdruck einschalten.

- Gutes Echtzeit-Marketing hängt aber nicht immer von Sofortreaktionen ab. Zalando hat auf dem Genfer Autosalon sein Concept Car vorgestellt - ein Auto, das Mode kauft.

## Beitrag

## Nabiscos großer Coup

Der Superbowl, das größte US-amerikanische Sportereignis, war in diesem Jahr so spannend wie schon lange nicht mehr. Footballbegeisterte Marketingfachleute werden aber nicht nur die Auseinandersetzung auf dem Spielfeld mit klopfendem Herzen verfolgt haben, ihnen wird auch bei Nabiscos großem Coup Hören und Sehen vergangen sein. Das ist in diesem Fall zwar nicht wörtlich zu nehmen, aber durchaus positiv zu verstehen. Denn den Stromausfall, der das Spiel 36 Minuten lang lahmlegte, nutzte der Süßwarenfabrikant, um seinen Kultkeks Oreo ins rechte Licht zu rücken. Über Twitter brachte Nabisco das doppeldeutige Wortspiel "You can still dunk in the dark" in Umlauf und spielte damit auf zweierlei an: auf die Möglichkeit, auch noch im Dunkeln zu scoren und auf die ebenfalls bestehende Möglichkeit, den Oreo-Keks in völliger Nachtschwärze zielsicher in ein Glas Milch zu tunken. Die Resonanz auf Nabiscos Schnellschuss war überwältigend positiv. Das ist verständlich, zeigt doch der Oreo-Coup auf beeindruckende Weise, dass kreatives und erfolgreiches Echtzeit-Marketing nicht jenseits jeder vorstellbaren Realität liegt. (1)

## Effizientes Datenmanagement

Verfechter der Just-in-Time-Kommunikation beschwören daher bereits ein Zukunftsbild herauf, in dem Echtzeit-Marketing eine tragende Rolle spielen wird. Tatsächlich sind Szenarien vorstellbar, in denen diese Form des Marketings der Kundenkommunikation neue Impulse einhauchen kann. Die Grundlage dafür ist - anderes als im Fall von Oreo - ein effizientes Datenmanagement. Konkret könnte das folgendermaßen aussehen: Ein potenzieller Kunde, der in einem Geschäft ein interessantes Objekt sieht, twittert einen entsprechenden Tweet an seine Follower. Die Data-Miner in der Marketingabteilung des Unternehmens werden darauf aufmerksam und schicken ihm sofort einen Rabatt-Bon auf sein Smartphone, um so die Kaufchancen zu erhöhen. (2)

## Freigabepoker ist kontraproduktiv

So verlockend diese Aussichten sind, Skeptiker von Echtzeit-Marketing weisen darauf hin, dass wohl noch kaum ein Unternehmen die entsprechenden Strukturen aufgebaut hat, um ähnliche Chancen für sich zu nutzen. Hinzu kommt, dass sich auch in den Köpfen von Führungskräften Grundlegendes ändern müsste. Echtzeit-Marketing erfordert schnelle Reaktionen; ein Freigabepoker, wie er in vielen Unternehmen Tag für Tag selbst bei vergleichsweise unbedeutenden Pressemitteilungen gang und gäbe ist, ist im Falle von Echtzeit-Marketing kontraproduktiv. (3), (4)

## Bahlsen versemmelt Chance

Dass für gelungenes Echtzeit-Marketing hierzulande auch noch in anderer Hinsicht die richtige Denke fehlt, zeigt das Beispiel Bahlsen. Als sich ein Dieb von der Firmenzentrale das Wahrzeichen der Firma - einen Riesenkeks - unter den Nagel riss und sich scherzhaft als Krümelmonster zu erkennen gab, vertat das Traditionsunternehmen eine große Chance. Anstatt den Vorfall im Sinne einer gelungenen Echtzeit-PR genüsslich auszuschlachten, stellte Bahlsen sofort Strafanzeige. Da der Vorfall damit ein Fall für den Staatsanwalt geworden war, schränkte der Backwarenfabrikant seine Handlungsfähigkeit gewaltig ein. Die anschließenden

Versuche, aus dem Diebstahl dennoch Marketingkapital zu schlagen, waren entsprechend mau. (3), (4)

## Trends

## Marketingkommunikation wird sich beschleunigen

Ob sich Echtzeit-Marketing etablieren wird, ist noch nicht absehbar. Wahrscheinlich aber ist, dass sich die Marketingkommunikation immens beschleunigen wird. Langfristig geplante Kampagnen mögen zwar ihr Existenzrecht behalten; der Medienwandel, der durch die Erfindung des Internets eingeläutet wurde, wird die Marketingverantwortlichen aber zunehmend dazu zwingen, sich mit immer anspruchsvolleren und bestens informierten Usern sowie einer wieselflinken Konkurrenz auseinanderzusetzen. (3)

## Ein Auto, das Mode kauft

Echtzeit-Marketing bedeutet nicht notwendigerweise, dass sich Kreative im Angesicht einer bestimmten Situation ad hoc eine Wunderlösung aus den Fingern saugen müssen. Oder konkreter formuliert: Echtzeit-Marketing nach Art des Oreo-Beispiels wird auch in Zukunft eher die Ausnahme als die Regel sein. Einen Eindruck davon, in welche Richtung sich diese Form des Marketings entwickeln könnte, liefert der Online-Händler Zalando. Die kultige Modemarke hat sich mit Wikitude zusammengetan, ein Unternehmen, das sich mit Augmented-Reality-Anwendungen (AR-Anwendungen) einen Namen gemacht hat. Auf dem Genfer Autosalon 2013 stellten beide Unternehmen einen Concept Car vor. Dabei handelt es sich um ein modifiziertes Auto, das über eine iPad-Kamera und eine spezielle AR-App Modeoutfits erkennen kann. Fahrer, denen das Kleidungsstück gefällt, können es sofort per Klick bei Zalando bestellen. In ein paar Jahren soll das Konzept zur Marktreife gelangt sein. So verrückt diese Idee scheint und so fraglich es ist, ob sie sich auch wirklich durchsetzen wird, so geht sie doch nicht völlig an der Realität vorbei: Das Internet der Dinge hat das Zeug dazu, auch das Echtzeit-Marketing zu revolutionieren und den Konsumrausch in bisher noch ungeahnte Exzesse zu treiben. [(1)](), [(5)](), [(9)]()

## Fallbeispiele

# Echtzeit-Couponing für Nachtschwärmer

Das Start-up-Unternehmen Xeebel hat eine Webanwendung entwickelt, mit deren Hilfe Veranstalter in Echtzeit Gäste zu ihrem Live-Event locken können. Dank der App sind Promoter in der Lage, ihre Wunschzielgruppe nicht nur nach Alter, Geschlecht und Wohnort zu differenzieren, sie können auch den genauen Aufenthaltsort von Personen lokalisieren. Befindet sich der potenzielle Interessent in der Nähe des Events und erfüllt er außerdem andere Kriterien, die für den Veranstalter wichtig sind, schickt jener ihm einen Vorteilsbon auf sein Smartphone. Diesen kann der Nachtschwärmer entweder selbst einlösen oder an Freunde weiterleiten. Zu finden ist das Tool unter heatmapz.com. Xeebel hat seine revolutionäre App, die zum mobilen Gutscheinaustausch geradezu einlädt, auf den Namen Social Couponing getauft. (6)

# Echtzeit-Marketing - für Banken noch ein Buch mit sieben Siegeln

Banken scheinen mit Digitalmarketing noch auf dem Kriegsfuß zu stehen. Zu dieser Erkenntnis sind zumindest der IT-Dienstleister Wipro und die European Financial Management Association (EFMA) gekommen, die gemeinschaftlich einen digitalen Marketing-Benchmark erstellt haben. Die wichtigsten Ergebnisse: Nur 13 Prozent der Geldhäuser, die sich an der Umfrage beteiligten, sind in punkto Digitalmarketing tatsächlich up-to-date. Dementsprechend ist es kein Wunder, dass für die meisten Banken ereignisrelevantes Echtzeit-Marketing auch noch ein Buch mit sieben Siegeln ist. (7)

# Echtzeit-Marketing in der analogen Welt: Sixt zeigt, wies geht

Dass sich Echtzeit-Marketing auch in der alten analogen Werbewelt geschickt einsetzen lässt, zeigt der Autovermieter Sixt. Er reagiert mit seinen Plakatkampagnen auf topaktuelle Ereignisse und nimmt aus seiner Sicht dazu Stellung. Dies scheint deshalb so gut zu funktionieren, weil sich der Chef, Erwin Sixt, persönlich mit der verantwortlichen Agentur JvM/Fleet über die Inhalte der Kampagnen abstimmt. (1), (4)

# Praxisleitfaden für Echtzeit-Marketing

Das Beratungsunternehmen Mind Business Consultants mit Sitz in Meerbusch hat zusammen mit der Fachzeitschrift absatzwirtschaft einen Praxisleitfaden für "Social Commerce" entwickelt. Darin finden sich auch Tipps für erfolgreiches Echtzeit-Marketing. Einer der Vorschläge: Firmen, die diese hypermoderne Form der Kundenansprache tatsächlich professionell betreiben wollen, sollten ihren Kunden ausgewählte Daten und Prozesse zugänglich machen. Auf diese Weise können diese selbst bestimmen, wann sie mit dem Unternehmen in Kontakt treten wollen. (8)

# Weiterführende Literatur

(1) WERBUNG ZUM WOCHENENDE: Die drei wichtigsten Spielzüge in den Werbeblöcken des Super Bowl
aus horizont.net vom 08.02.2013

(2) Daten-Management - komplex, aber wichtig
aus Computerwoche, 18.06.2012, Nr. 25

(3) In Zeitlupe
aus Horizont 07 vom 14.02.2013 Seite 002

(4) Fliegen auf Sicht
aus Horizont 07 vom 14.02.2013 Seite 011

(5) Die ganze Welt als Katalog
aus Zeit online vom 23.05.2013, Nr. 22

(6) Neue Nightlife-Marketing Plattform für Eventveranstalter und Gastronomiebetriebe, erlaubt die Beeinflussung des Gästemix mittels mobile Couponing (Bild)
aus ots news schweiz - Vermischtes vom 3.12.2012

(7) Wipro und Efma veröffentlichen im Jahre 2013 erstmals einen Bericht über digitales Marketing im globalen Privatkundengeschäft für Banken
aus ots news schweiz - Wirtschaft vom 30.5.2013

(8) marketing-site.de
aus Absatzwirtschaft Nr. 09 vom 31.08.2012 Seite 005

(9) WERBUNG ZUM WOCHENENDE: Apple iWatch, Google Glass und Zalando Concept Car – Ein Blick in die Zukunft
aus horizont.net vom 01.03.2013

# Impressum

## Echtzeit-Marketing - Hype mit ungewisser Zukunft

### Bibliografische Information der deutschen Nationalbibliothek

Die Deutsche Nationalbibliothek verzeichnet diese Publikation in der deutschen Nationalbibliografie; detaillierte bibliografische Daten sind im Internet über http://dnb.d-nb.de abrufbar.

ISBN: 978-3-7379-0812-2

© 2015 GBI-Genios Deutsche Wirtschaftsdatenbank GmbH, Freischützstraße 96, 81927 München, www.genios.de

Alle Rechte vorbehalten. Dieses Werk ist einschließlich aller seiner Teile – z.B. Texte, Tabellen und Grafiken - urheberrechtlich geschützt. Jede Verwertung außerhalb der Grenzen des Urheberrechtsgesetzes bedarf der vorherigen Zustimmung des Verlags. Dies gilt insbesondere auch für auszugsweise Nachdrucke, fotomechanische Vervielfältigungen (Fotokopie/Mikroskopie), Übersetzungen, Auswertungen durch Datenbanken oder ähnliche Einrichtungen und die Einspeicherung und Verarbeitung in elektronischen Systemen.